100年未来の家族へ

ぼくらがつくる"弁当の日"5.7.5

竹下和男 文・写真／宝肖和美 写真

自然食通信社

ニュートンは リンゴで ぼくは 弁当で

ニュートンはリンゴで重力を発見した。そして、いまさらながらに ぼくは重力に気づいた。弁当の中身の片よりに……。

はじまりのぼくは、スーパーで迷子になった。買いたいものをさがせなかった、選べなかった、まちがえた。はじまりのぼくは、台所でウロウロした。リンゴの皮がむけず、たまごをうまく割れず、ごはんをたけなかった。

友だちと弁当の見せっこをしていると、失敗までも楽しかった。いまはスーパーで迷わないし、楽しみながら買い物ができるようになった。先生たちが、ぼくたちに弁当づくりをなんでさせたのか、うまく答えられないけれど、なんとなく、ニュートンに負けない発見もしているような気がする。

「親は、絶対に手伝わないで」というルールのもと、子どもだけで「献立」「調理」「弁当箱づめ」「片づけ」を行う〝弁当の日〟。2001年、滝宮小学校5・6年生が10～2月の月1回、年間5回で挑戦しました。2018年現在、47都道府県で約2,300校が実施中。

うれしさは
てのなかにあり
にちじょうの

絵・魚戸おさむプロダクション

1

はじまり

失敗作
いいえ　あなたの
デビュー作

ふるえてる
見ているわたしも
包丁も

たちつくす
品種に産地
価格の差

間違えた
キャベツとレタス
ピーマン・パプリカ

三角の
おむすびひとつ
作れなかった

なまま
盛り付けたっけ
ブロッコリー

自立度に
あふれたおかずの
ある弁当

片付けは
嫌いだなんて
だれに似た？

尾のけても
はいりきらない
皿登場

まわすのは
リンゴと分かる
までの皮

アサイチは
点検・確認
荷崩れの

初挑戦
もう一人の僕の
誕生日

失敗する
権利　子どもに
あるのです

2

やりたい

手のうえで
とうふ切れるよ
手を切らず

にいちゃんは
明日のボクだ
見てまねる

元気です
作って食べた
朝ごはん

弁当は
水平移動
見せっこまで

四年間の
臥《が》薪《しん》嘗《しょう》胆《たん》
今日おわり

テーマにね
箱もふくろも
合わせたの

ときめいた
宝石箱を
開けるよに

ついちゃた
おむすびの目が
フタのうら

目覚ましより
先に起きてる
〝弁当の日〟

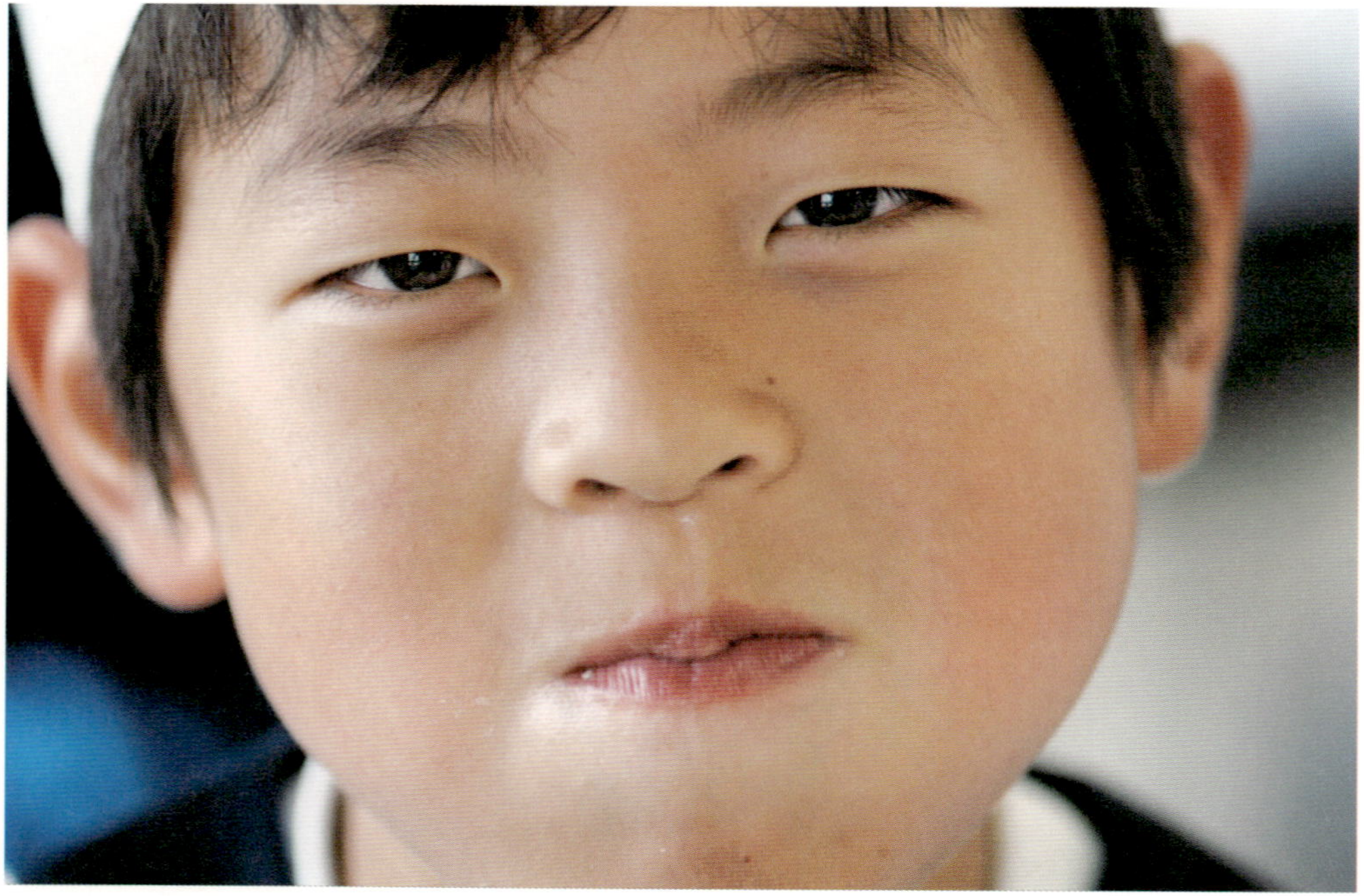

待ち遠し
かったね　やっと
五年生

うけねらい
三合おむすび
一個だけ

まいったなア
先生も腕
あげてるやん

負けたくない
アイツにだけはと
伸びていく

たまご焼き
どうしの替えっこ
味くらべ

自分でね
作った 食べた
おいしかった

行きますよ
カレシできたら
ピクニック

生徒らと
先生まなざし
やさしくて

おいしいと
言わなくていい
分かってる

帰ったら
練習させてね
わたしにも

3

できる

これで足《た》る
チェックしてきた
冷蔵庫

任《まか》されて
大人への門
くぐりゆく

だん取《ど》りと
もりつけセンス
知らぬまに

次はいつ？
父も待ってる
〝弁当の日〟

この中に
なに入ってるか
あててみて

サプライズ
この手ありかよ
うどん県

かあさんが
いるとうるさい
いないと不安

並べたら
みんなちがって
みんないい

口も手も
出さなかった母
ありがとう

しずけさや
内なる自信
達成感

自信ある
先生も言うよ
おいしいと

帰り道
箸《はし》がカタカタ
鳴っている

やり切った
十人十色の
笑顔かな

気がつけば
五個も作った
コロッケ弁

食べたのか
記録写真を
撮《と》る前に

失敗を
笑い飛ばせる
時期《じき》がある

スティックに
野菜切れない
朝ねぼう

ゴザ持参
上ばき脱いで
いただきます

ベントウハ
オイシイデスネ
留学生

スーパーの
応援のぼりが
背中押す

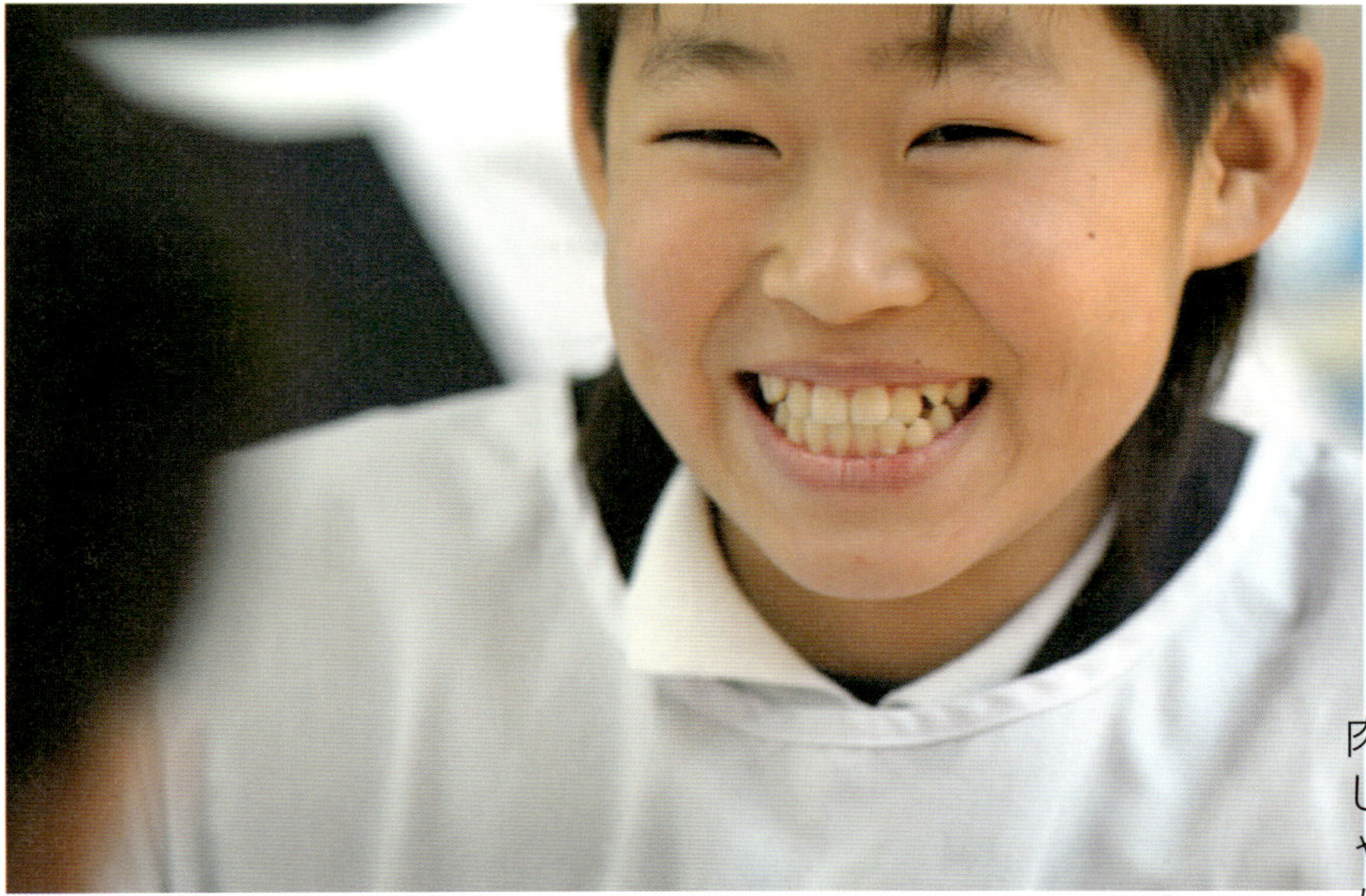

なぜウマイ
自分で作った
肉じゃがは

あおむけに
寝ても仕事を
する包丁

始業前
ドヤ顔せまる
ここちよさ

せんせいが
来るまで食べず
待ってたの

キャラ弁を
娘にとられたと
こまり顔

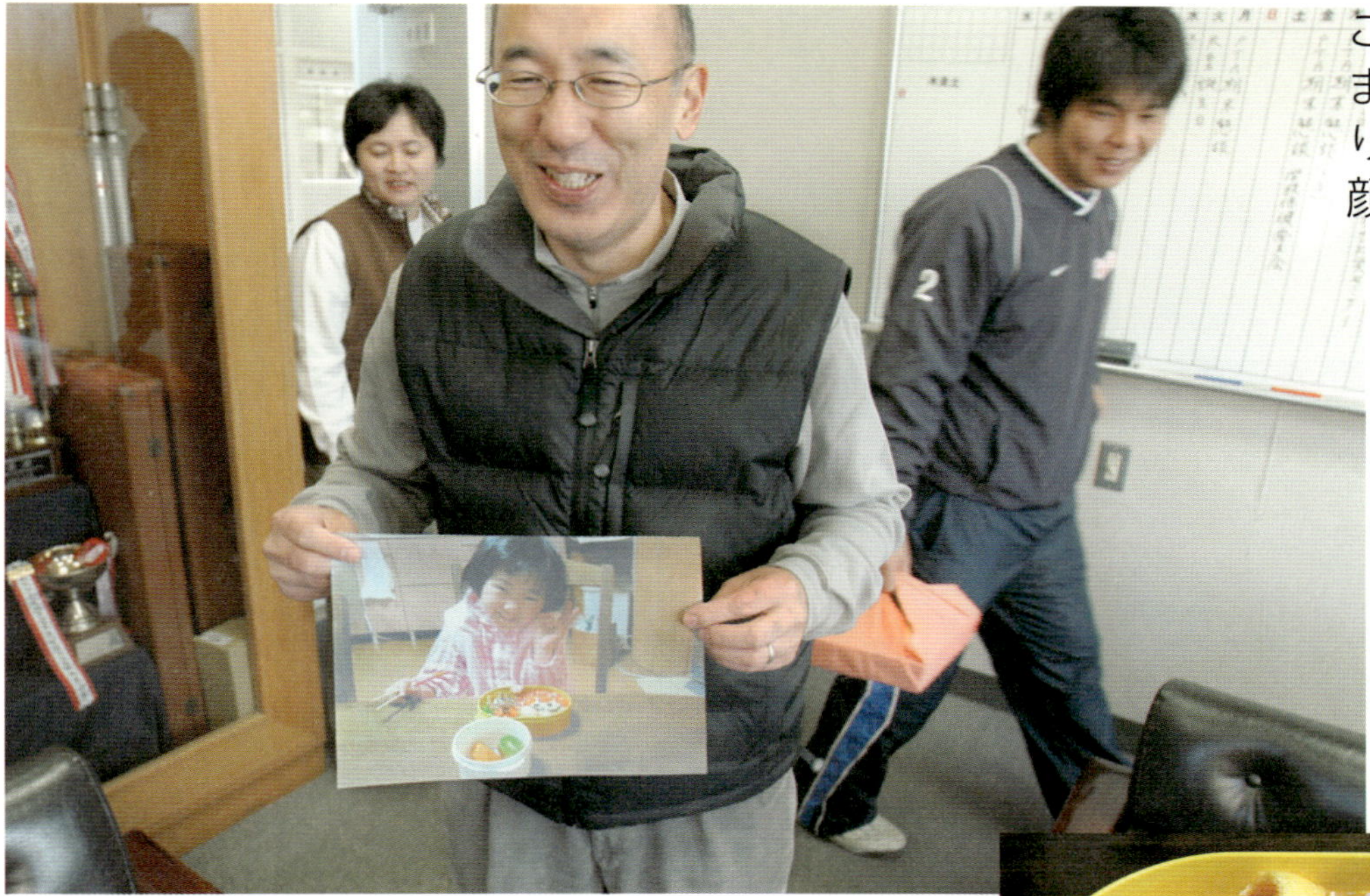

また今日も
誰かのために
二人分

かあさんを
もう呼ばないよ
ばばぁなんて

のぞいてた
わたしが今度は
のぞかれる

18 年間の連続写真

なぜ見えぬ
じまんのはずの
ハンバーグ

ベジタブルハンバーグセット
ハンバーグにたくさん野菜が入っている
ことがじまん。

ニュートンは
リンゴで　ぼくは
弁当で

分かるかな
何科の先生
作ったか

おいしさは
やさしいこころ
つれてくる

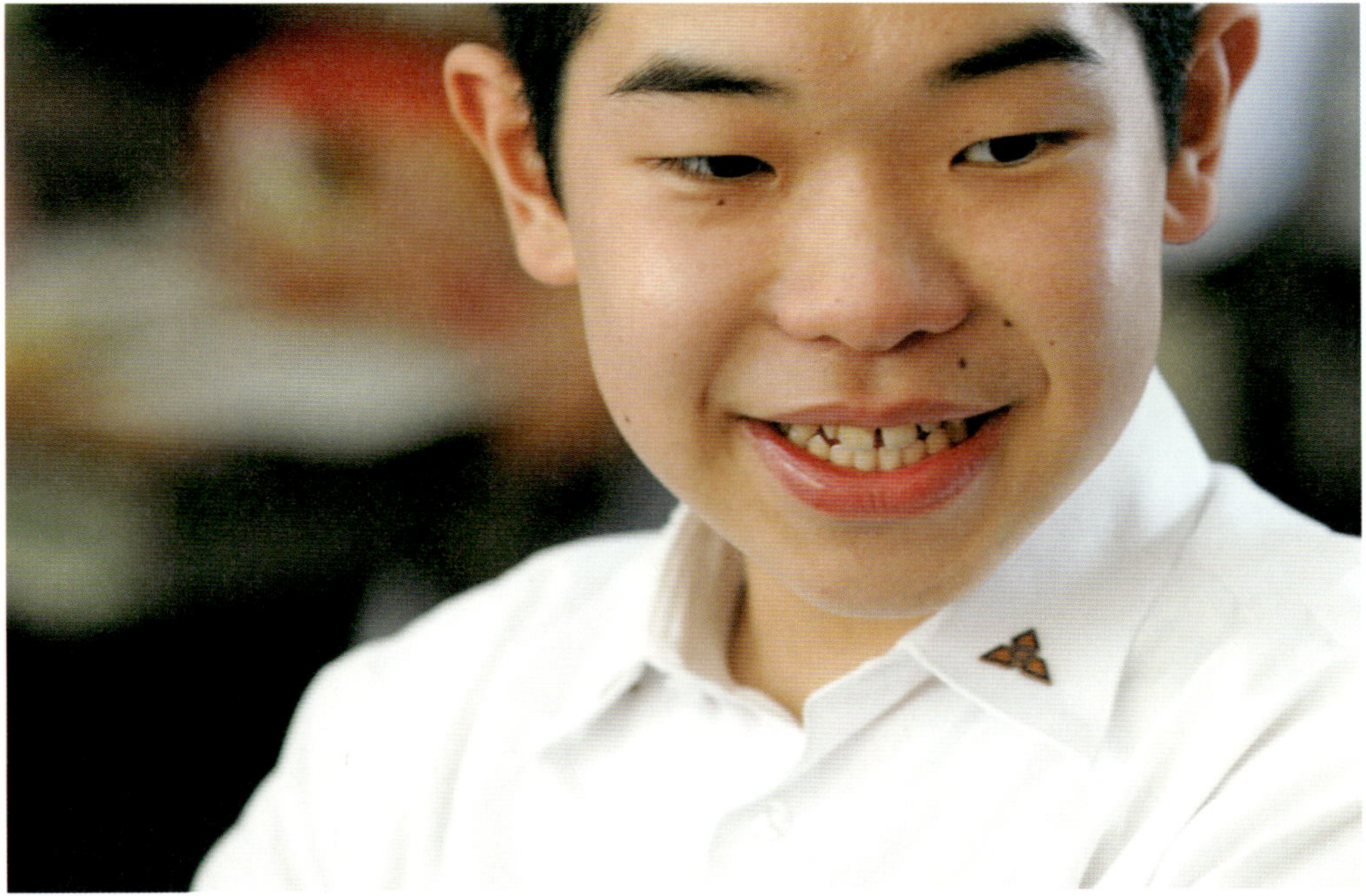

油《あぶら》撥《は》ね
アツッ　で気づく
腕まくり

そこはこう
言わなかった分
子は育ち

人生の
必修科目
男女とも

弁当を
ぜんぶ見てから
給食だって

中庭に
生徒集合
手に弁当

空いてるよ
ここにおいでよ
座《すわ》りなよ

この大地
未来にのこす
たからもの

4

もっと

もらったの
作る楽しさ
あの子から

総仕上げ
とくい料理の
テンコもり

煮《に》る・和《あ》える
揚《あ》げる・焼《や》く・蒸《む》す
チャレンジだ

細切りの
ノリを知らずに
大苦戦

食パンを
焼いてくりぬき
サンドイッチ

今回は
カロリー計算
してません

おいしそう
言われるたびに
またおいしい

見せっこは
互いにほめっこ
共に伸び

撮れたのは
笑顔が主菜《しゅさい》の
弁当かな

しあわせは
ほおばることが
できますよ

行きました
全国大会
東京へ

作れるよ
いつか　わが子に
この弁当

まな板の
音が母さんに
似てきたな

子の自立
さびしいけれど
ガマンがまん

食材を
求めて釣りに
行った人

朝ねぼう
するため仕込み
夜ふかしに

鶏・魚
野菜・牛・豚
オレになる

米粒の
なかの風景
見える今

ばあちゃんが育てたマンバ《高菜》で郷土食

郷土料理・まんばのけんちゃん

作れない
弁当ひとつ
ひとりでは

働いた
ひとのいのちも
おむすびに

残さない
一粒たりとも
愛《いと》おしく

激《げき》辛《から》弁《べん》
好物ばかり
亡《な》き祖父の

減っていく
キライなものが
調理して

ねえ聞いて
楽しかったよ
今日の昼

5
みらい

おままごと
模範《もはん》と模倣《もほう》
今は未来

イスで足
長くして立つ
厨房《ちゅうぼう》に

できあがる
までの道のり
見えてきた

父さんに
嫁に行くなと
言われる日

手始めは
一品持ち寄り
大学生

楽しくて
未来も立ってる
台所

弁当の日の
卒業生が
先生だ

イケてるかも
こんな俺って
イケてるかも

作るのは
楽しいんです
毎日ね

卒業して 14 年後の私たち

身についてる
楽しめる心
子育てを

スーパーで
再会うれし
五年ぶり

野も空も
君に見せタイ
いただきます

いいですネ
自分で作る
弁当の日

番外編

自立とは
自分の食事
作れること

食べてない
手料理いちども
亡《な》き母の

朝たべたから
朝ごはんって
言えるかな

ポテトチップス・ドーナツ

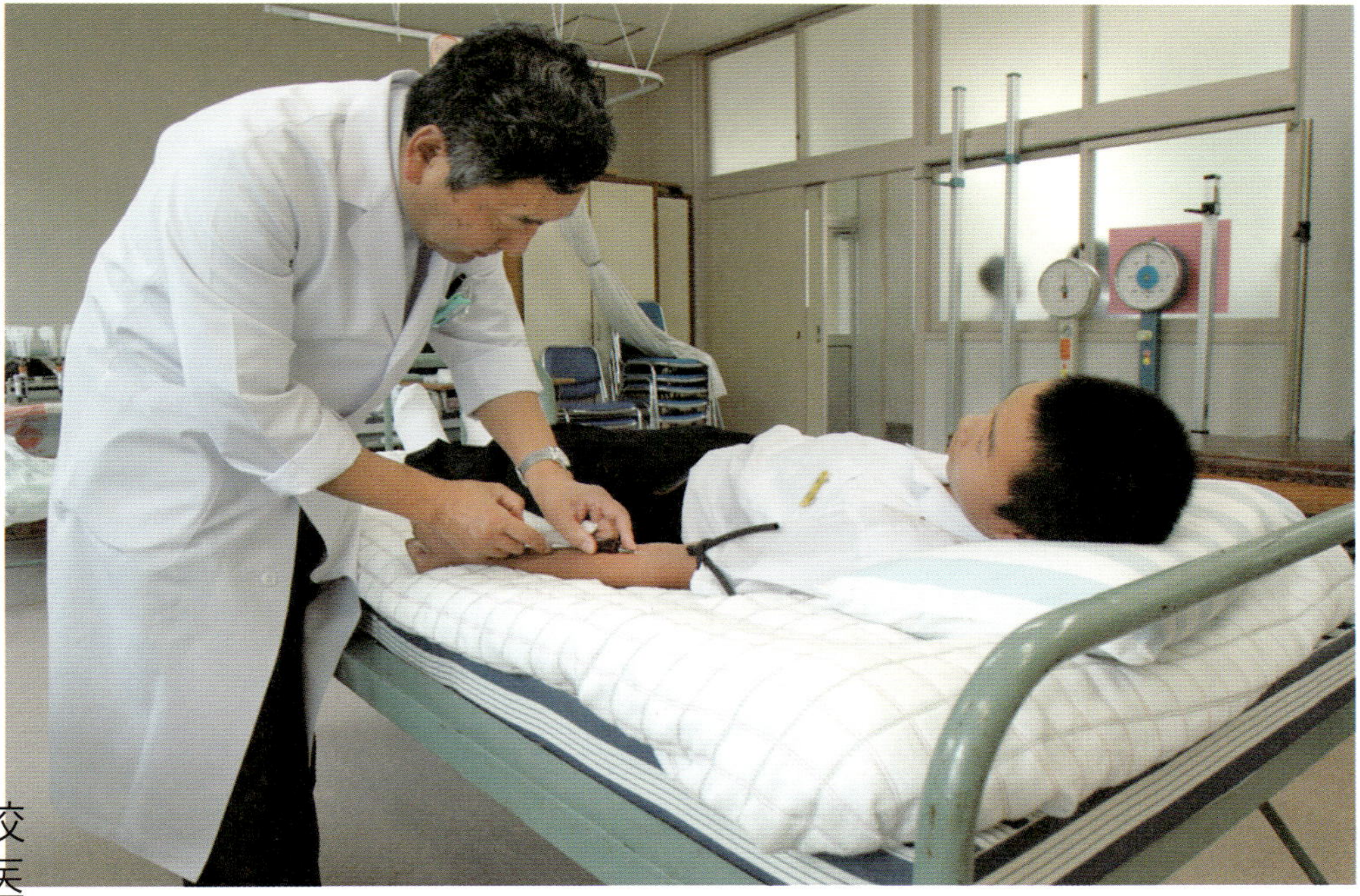

校医さん
血液検査という
食育

赤子《あかご》なら
泣かずに見入る
炊《た》けるまで

見える母
見えない子ども
失敗が

だいこんが
湯にしてくれと
足を組み

滝宮小学校350食分の残食

これっぽち
残した給食
コンマ以下

弁当の
子らの食器は
お休み日

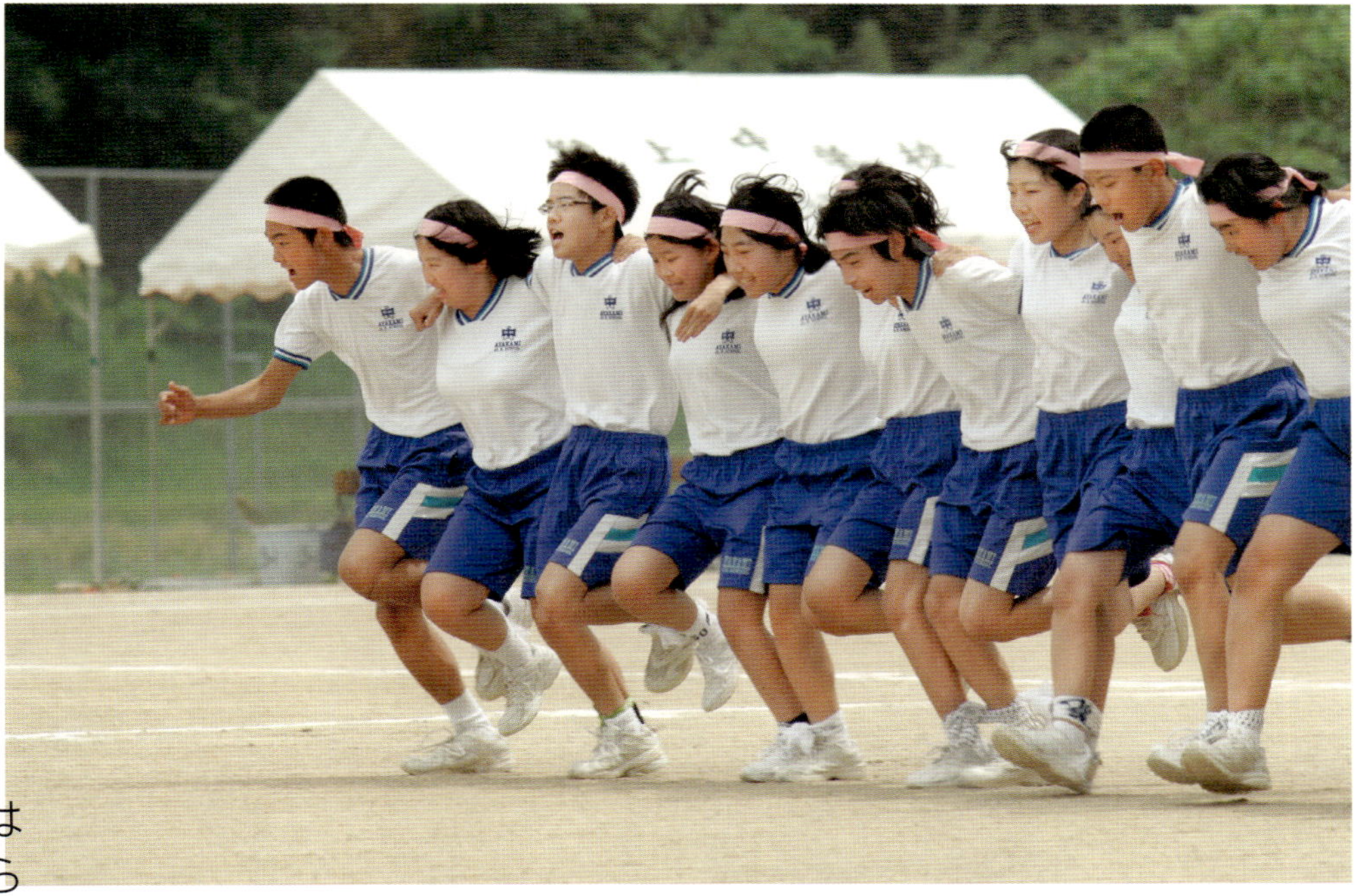

はらぺこと
いう調味料
生まれてる

はじまりは
滝宮小
綾川町

給食は
うまくてやすい
あったかい

仲間らと
しないさせない
孤立死は

おむすびや
かわいい子には
旅をさせ

両の手で
受け取る弁当
孫の作

教育は
急がば回れ
100年後

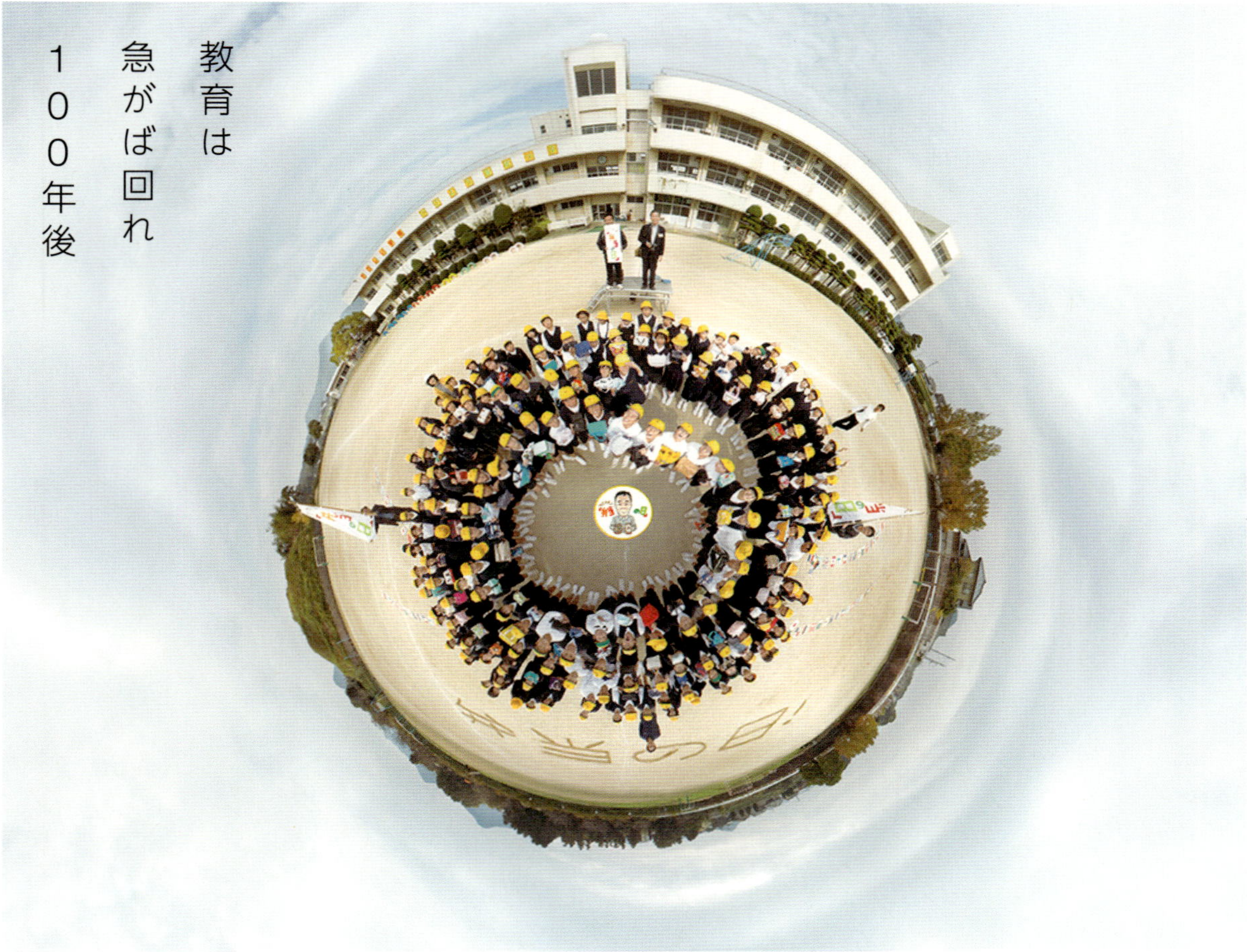

弁当を作る（百年後版）

竹下和男

あなたたちは小中学校のとき弁当の日を経験した卒業生です
〝親は決して手伝わないでください〟で始めた弁当の日でした

家族の食事を作ることの楽しさが身についている
あなたは優しい人です
与えられた仕事全体を見通して効率よくこなせている
あなたは仕事の段取りのいい人です
ある食材でしか作れないという 悟りの境地にちかい
あなたは工夫できる人です
おいしい手料理の店 人気創作料理店のメニューを再現できる
あなたは自ら学ぶ人です
料理研究家の料理本で盛り付け 器オリジナリティを楽しめる
あなたは感性を磨いている人です
スーパーや道の駅や田畑の食材で四季の移ろいを楽しめる
あなたは心豊かな人です
自分の命を支えてくれた食材たちに感謝することを忘れない
あなたは思いやりのある人です
いい食材を見分けて適正価格で購入することを実践している
あなたは賢い人です

生産者 流通者の工夫や苦労が分かる
あなたは想像力のある人です
食事のたびに食べられることの幸せを思い続けている
あなたは幸せな人生を送っています
食材の幼少期 思春期 壮年期に命を奪う 食の重さに気づいている
あなたは情け深い人です
雨を喜び 風とあそび 日差しを浴びている稲や野菜が好きな
あなたは慈しむ心があります
露地物の旬の食材 地産地消を基本に食卓を整えられる
あなたはたくましい人です
弁当のみせっこで 友達の弁当をたたえ続けてきた
あなたは人と共に生きています
過剰包装や不自然な色彩 ムリな安売りに踊らされない
あなたは社会を良くしていける人です
価格競争の裏側に起きていることから目を背けない
あなたは世界を良くしていく人です
自分が作った料理を喜んで食べる家族を見るのが好きな
あなたは人に好かれている人です
料理したいというわが子を台所に立たせている
あなたは子どもの自立を促しています
いただきます ごちそうさま を言い続けている家族は
感謝の気持ちを忘れていません
家族そろっての食卓を 楽しみにしている家族と暮らしている
あなたは今 幸せです

弁当の日を指導した先生たちは こんな未来を描いていました
どうぞ百年後にまで届きますように

写真 宝肖和美

文・写真 竹下和男

Special Thanks（順不同）

香川県綾川町立滝宮小学校／香川県高松市立国分寺中学校／香川県綾川町立綾上中学校／広島県福山市立大成館中学校／大阪府立茨木高等学校／大阪府立箕面東高等学校／九州大学 自炊塾／香川短期大学／柿木保育所／スーパー（タカヤナギ・マルト・リオンドール・マルヨシ・フレッセイ・ウオロク）／市立走井学校給食センター／横須賀市教育委員会／田原豊／片山明彦／株式会社シジシージャパン／鈴木徳則／友道健氏／入交享子／西尾治子／山岡奈央子／福田泰三／藤井孝生／小田耕生／豊村養鶏 宝夢卵／なまはげ銀座／岩波農園／山居倉庫／網小医院／男の介護教室／安武郁子（株式会社 eatright japan）／山口良子（おらんだラジオパーソナリティー）／太田秀人／有限会社知床ネイチャークルーズ／柏木勢／坂香菜子／竹内太郎／諸橋咲喜／諸橋七望／安武郁香／安武隆眞／他 全国「弁当の日」応援団の皆々さま、モデル協力いただきました全国「弁当の日」実践校の生徒さんたち／イラスト協力：魚戸おさむプロダクション／ドローン撮影協力：竹内昭博

本書を出版することが叶いましたのは、ご協力賜りました皆さまのおかげです。
心より御礼申し上げます。

文・写真　**竹下和男**（たけした・かずお）

1949年生まれ。香川大学教育学部卒業。香川県内の小・中学校、教育行政職を経て、2000年から綾南町（現・綾川町）立滝宮小学校、国分寺町（現・高松市）立国分寺中学校、綾川町立綾上中学校校長を歴任。2010年3月定年退職後はフリーで講演・執筆活動を行っている。主な著書：『〝弁当の日〟がやってきた』『「ごちそうさま」もらったのは〝命〟のバトン』（ともに共著　自然食通信社）、『泣きみそ校長と弁当の日』（共著　西日本新聞社）、『弁当づくりで身につく力』（講談社）、『できる! を伸ばす弁当の日』（編著　共同通信社）ほか。

写真　**宝肖和美**（ほうしょう・かずみ）

1973年生まれ　1996年、（株）スタジオエビス入社後 1999年、独立。CDジャケット：椎名林檎『加爾基 精液 栗ノ花』、宗次郎（オカリナ奏者）、ベッキー、King Brothers。日比谷公会堂 記録写真。書籍撮影：Feeling Birth。ライフワーク：出産写真「ありがとう」上映会、男の介護教室（久留米教室）主宰、等々

『100年未来の家族へ』
ぼくらがつくる〝弁当の日〟5.7.5

2019年 1 月20日　　初版第1刷発行
2024年11月25日　　第3刷発行

著　者　竹下和男／宝肖和美
発行者　横山豊子
発行所　有限会社自然食通信社
〒113-0033　東京都文京区本郷2-12-9-202
電話03-3816-3857　FAX03-3816-3879
http://www.amarans.net
振替 00150-3-78026
装丁・本文組版　ナカグログラフ（黒瀬章夫）
印刷・製本　株式会社東京印書館

ISBN 978-4-916110-88-6

自然食通信社の関連図書

新装改訂版 "弁当の日" がやってきた
子ども・親・地域が育つ 香川・滝宮小学校の「食育」実践記

竹下和男／香川県綾南町立滝宮小学校著
定価1600円+税

それは10年前、ひとりの小学校長の「親は手伝わないで」の一言から始まった。月に一度給食をストップし、5・6年生全員が家で弁当を作るという全国初の試み。親たちの不安を吹き飛ばしたのは、子どもたちが持ち寄った自慢弁当と誇らしげな笑顔。"弁当の日" は全国の小中高校、大学、地域へと広がり、2300校が実施中。大学生になった "一期生" たちの「弁当の日の意義が今ならよくわかる」との声も新装版では収められた。

台所に立つ子どもたち
"弁当の日" からはじまる「くらしの時間」

竹下和男／香川県高松市立国分寺中学校著
定価1600円+税

こどもの「生きる力」を目覚めさせた "弁当の日" が隣町の中学校にもやってきた。家族の間にくらしの時間が共有されることの深い意味合いが、弁当づくりを通して浮かび上がる。「競争と評価が重くのしかかる子どもたちを救いたい」——著者の想いの強さは教師・親たちを巻き込み、地域を動かしていく。

始めませんか 子どもがつくる「弁当の日」

対談・鎌田實 & 竹下和男
定価1600円+税

弁当づくりを通して、「してもらう」より、「心をこめてしてあげる」喜びに目覚める子どもたち。親も学校もひらかれていく数々の "事件" に、地域医療の改革に長年取り組んできた鎌田氏は「『弁当の日』という、学校の小さなイベントが、実は教育現場を揺るがすような大きな構想に裏打ちされている」と激賞。子どもや患者を思う教育と医療をめぐって対話はしだいに熱を帯びていく。

「ごちそうさま」もらったのは "命" のバトン
子どもがつくる "弁当の日" 10年の軌跡

竹下和男／香川県綾川町立綾上中学校著
定価1500円+税

自分でつくる。家族につくってあげる。友だちの顔を思いながらつくる。「いただきます」「おいしかった」あたりまえの言葉がうれしい。料理には作り手の「命」が入るから。「台所に立つことは意味がない」と育てられた「親」たちが、子どもの成長を喜び、子どもと台所に立ち始めた。あなたと共に育つのは、こんなに楽しい！食事作りに心 = 命を込める大人たちの背中にこんなオーラを感じたとき、子どもたちの「心の空腹感」は満たされる。